LE

CONTROLE GÉNÉRAL DE L'INSPECTION

DES

Enfants Assistés et Protégés

ET

LE DÉCRET DU 24 FÉVRIER 1901

PAR

H. MONIEZ

Extrait de la **Revue Politique et Parlementaire** (*Février 1902*)

PARIS

BUREAUX DE LA *REVUE POLITIQUE ET PARLEMENTAIRE*

63, RUE DE L'UNIVERSITÉ

LE

CONTROLE GÉNÉRAL DE L'INSPECTION

DES

Enfants Assistés et Protégés

ET

LE DÉCRET DU 24 FÉVRIER 1901

PAR

H. MONIEZ

Extrait de la **Revue** Politique et Parlementaire (*Février 1902*)

PARIS

BUREAUX DE LA *REVUE POLITIQUE ET PARLEMENTAIRE*

63, RUE DE L'UNIVERSITÉ

LE CONTROLE GÉNÉRAL DE L'INSPECTION
DES ENFANTS ASSISTÉS ET PROTÉGÉS

ET LE DÉCRET DU 24 FÉVRIER 1901

I

Le service de l'Assistance publique est assuré, dans chaque département, sous l'autorité du préfet, par un inspecteur, aidé d'un ou de plusieurs sous-inspecteurs (1).

Le pouvoir central fait contrôler, chaque année, les inspecteurs départementaux par des inspecteurs généraux, pour les services administratifs et par des inspectrices générales, pour les services de l'enfance.

Créés par un arrêté du 25 novembre 1848, les services administratifs ont été réorganisés à plusieurs reprises (2) et, au com-

(1) Décret du 8 mars 1887, *réglant les cadres et les conditions d'organisation du service, chargé de la surveillance et de l'inspection des enfants assistés.* Article 1er. — Le personnel chargé, sous l'autorité des préfets, de la surveillance du service des enfants assistés comprend des inspecteurs, des sous-inspecteurs, des *inspectrices* et des *sous-inspectrices*. — Cet article, portant création d'inspectrices départementales, a été rapporté, en ce qui concerne le département de la Seine, par le décret du 12 juillet 1888, délibéré en Conseil d'Etat. Mais « la faculté pour le ministre d'employer des femmes dans l'inspection des enfants assistés des départements » a été autorisée parce que « dans les départements le *service de la loi Roussel où les femmes sont particulièrement utilisables*, est joint au service des enfants assistés, ce qui n'a pas lieu pour la Seine. »

(2) Le décret du 31 mars 1883 organisait l'inspection générale des services administratifs au ministère de l'Intérieur comme suit : trois sections ; archives départementales ; établissements de bienfaisance ; établissements pénitentiaires. Le cadre de l'inspection générale des services administratifs comprenait vingt et un inspecteurs généraux et une inspectrice générale, celle-ci avait pour mission spéciale de « visiter les établissements ou quartiers, destinés à l'éducation correctionnelle des jeunes filles ».

Le décret du 18 octobre 1887 fixa à treize le nombre des inspecteurs généraux des services administratifs et les divisa « en deux sections répondant l'une aux

mencement de l'année 1901, ils comprenaient encore treize inspecteurs généraux : huit pour la section de l'administration pénitentiaire, cinq pour la section de l'assistance et de l'hygiène publiques ; deux inspecteurs généraux adjoints étaient, de plus, attachés à chacune des deux sections.

La section de l'administration pénitentiaire comprenait, en outre, une inspectrice générale, secondée par deux dames déléguées, pour la surveillance des jeunes filles détenues. Enfin, quatre inspectrices générales chargées de missions annuelles, pour contrôler les services de l'enfance, étaient également attachées à la section de l'assistance et de l'hygiène publiques. En résumé, les services pénitentiaires étaient inspectés par dix inspecteurs et inspectrices générales, et les services de l'assistance et de l'hygiène publiques par sept inspecteurs et quatre inspectrices générales.

A première vue, cette organisation pouvait suggérer quelques critiques : le contrôle des services de l'assistance et de l'hygiène publiques paraissait, en effet, moins bien assuré que celui des services pénitentiaires. Or, d'une part, l'importance de ces derniers services avait diminué par suite de l'application des lois nouvelles sur le sursis, la libération conditionnelle et la relégation ; d'autre part le champ d'action des services de l'assistance et de l'hygiène publiques s'était, au contraire, accru par la promulgation des lois sur l'assistance médicale gratuite, la protection des enfants du premier âge et la protection des enfants maltraités et moralement abandonnés.

Mais si, à la vérité, la loi sur l'assistance médicale gratuite est de date relativement récente (1), celles qui concernent la

établissements et services d'assistance publique ; l'autre aux établissements et services pénitentiaires ». L'inspectrice générale était maintenue « en vue du conrôle à exercer sur certaines maisons pénitentiaires ». L'article 3 disposait que les fonctionnaires de l'inspection pouvaient « être appelés, par décisions expresses du ministre, à s'occuper, selon les cas, d'établissements et services de diverse nature. »

Le décret du 15 juin 1891 maintient encore treize inspecteurs généraux et une inspectrice générale. « Un architecte, inspecteur général des bâtiments pénitentiaires, un architecte, pour chacune des deux sections et deux dames, appelées à seconder l'inspectrice titulaire, peuvent être adjoints à l'inspection générale. » L'article 6 dispose que les « inspecteurs généraux peuvent être chargés d'étudier des questions générales ou spéciales, se rattachant aux divers services du ministère. »

Enfin, le décret du 22 février 1900, crée deux nouveaux emplois d'inspecteurs généraux adjoints, pour chacune des deux sections.

(1) Loi du 15 juillet 1893, organisant l'Assistance médicale gratuite.

protection des enfants du premier âge et des enfants maltraités et moralement abandonnés, sont antérieures au décret du 15 juin 1891 (1). Aussi ce décret tenait-il compte du supplément de contrôle qu'elles imposeraient aux services d'assistance publique, puisque, par l'article 6, il autorisait le ministre à appeler tous les inspecteurs généraux, indistinctement, à remplir des missions spéciales ou extraordinaires, se rattachant aux divers services du ministère. Il suffisait d'appliquer ce principe pour assurer aux services de l'assistance et de l'hygiène publiques un contrôle aussi efficace que celui des services pénitentiaires. Il est donc permis de supposer que ce n'est pas seulement pour abolir les barrières qui s'élevaient entre la section de l'administration pénitentiaire et celle de l'Assistance et de l'hygiène publiques, que la nouvelle organisation, mise en vigueur par le décret du 24 février 1901 (2) a prévalu. Ce décret comporte, en effet, non seulement la suppression, par voie d'extinction, des inspectrices adjointes des prisons, mais aussi celle des inspectrices générales des services de l'enfance (3). De

(1) *Loi du 23 décembre 1874, sur la protection des enfants du premier âge.* — Aux termes de cette loi, tout enfant, âgé de moins de deux ans, qui est placé moyennant salaire en nourrice, en sevrage ou en garde, hors du domicile de ses parents, devient. par ce fait, l'objet d'une surveillance de l autorité publique. Le règlement d'administration publique du 22 février 1877 a pourvu à l'organisation des services de surveillance et d'inspection médicale.

Loi du 24 juillet 1889 sur la protection des enfants maltraités et moralement abandonnés. — La surveillance de ces enfants, dont les parents sont dessaisis de la puissance paternelle, ou déchus de cette puissance, incombe à l Assistance publique.

(2) *Décret du 24 février 1901.* — Ce décret conserve onze inspecteurs généraux et une inspectrice générale adjointe. Il conserve également les quatre inspecteurs généraux adjoints, créés par le décret du 22 février 1900. L'action de ces inspecteurs généraux s'étend : 1° Sur tous les établissements nationaux de bienfaisance, sur tous les établissements d'assistance, monts-de-piété, dépôts de mendicité, maisons de refuge, orphelinats, sociétés de charité maternelle, crèches, service des enfants assistés, protection des enfants du premier âge, médecine gratuite, etc. ; 2° Sur tous les établissements, relevant de l'administration pénitentiaire, maisons d'arrêt, de justice et de correction, pénitenciers agricoles, établissements publics et privés de jeunes détenus des deux sexes, etc.

(3) Décret du 24 février 1901. « Il ne s'agit, fait remarquer le rapport au président de la République, que de généraliser le principe posé en 1891, et qui permettait au ministre d'appeler tous les inspecteurs généraux, indistinctement, à remplir des missions spéciales se rapportant à tous les services du ministère. » En réalité il s'agit aussi d'autre chose, puisque l'article 8 dispose, que « réserve faite pour l'inspection des services sanitaires, les emplois autres que ceux prévus par le présent décret et rémunérés sur le chapitre « Inspections générales administratives » seront supprimés par voie d'extinction. Or, les emplois, ainsi visés sont : ceux de l'inspection générale des services de l'enfance et ceux des inspectrices générales adjointes des services pénitentiaires.

telle sorte que, si le contrôle administratif de l'assistance publique s'accroît de plusieurs inspecteurs généraux très compétents, à la vérité, pour les questions pénitentiaires, il se voit privé, d'autre part, d'une collaboration, créée spécialement pour assurer le bon fonctionnement tant de la loi Roussel que de la loi sur la protection des enfants maltraités et moralement abandonnés (1).

L'idée directrice du décret de 1901 semble donc avoir été bien moins l'unification des services administratifs, déjà assurée par le décret du 15 juin 1891, que la suppression, dans l'avenir, de l'inspection générale féminine. Par les termes mêmes de l'article 3, la situation des titulaires actuelles est d'ailleurs parfaitement sauvegardée. Il n'est donc pas question ici d'intérêts individuels, il s'agit seulement de défendre une idée intéressante, au double point de vue du contrôle des services départementaux et de l'application des lois de 1874 et 1889.

II

Le service des enfants assistés s'applique aux enfants secourus temporairement et aux pupilles hospitalisés.

Les premiers, de beaucoup les plus nombreux, sont élevés par leur mère, à l'aide de secours alloués par les départements. La deuxième catégorie d'enfants comprend : les enfants trouvés ; les enfants abandonnés ; les orphelins pauvres ; les enfants maltraités et moralement abondonnés. Tous ces enfants sont

(1) La loi du 23 décembre 1874 n'est, en réalité, entrée en vigueur, qu'après le règlement d'administration publique de 1877 et elle n'a commencé à fonctionner régulièrement qu'à partir de 1880. C'est à cette époque que, pour répondre au sentiment qui avait dicté la loi, on confia à des dames déléguées la mission d'inspecter les services de l'enfance. Les premières tentatives faites dans cet ordre d'idées, réussirent si pleinement et ouvrirent à l'administration des aperçus si ingénieux et si nouveaux, sur la protection de l'enfance malheureuse et abandonnée, qu'on renouvela l'expérience pendant plusieurs années. Enfin, en 1887, sur la proposition d'un rapporteur du budget de l'Intérieur, elle fut sanctionnée par les Chambres, qui votèrent un crédit de 15.000 francs, pour assurer définitivement l'inspection féminine des services de l'enfance. Cette somme ne permettait pas, toutefois, d'allouer aux déléguées générales un traitement régulier, soumis à retenue ; elles restaient, en réalité, comme les inspectrices adjointes des prisons, hors des cadres de l'inspection générale administrative. Mais les services qu'elles rendirent ainsi, au point de vue de la loi Roussel et de la protection des enfants maltraités et moralement abandonnés, furent si appréciés, que pendant plus de vingt ans, aucun ministre ne songea à les supprimer, ni surtout à discuter l'idée qu'elles représentaient.

placés sous la tutelle de l'Assistance publique, jusqu'à l'âge de 21 ans et, jusqu'à 13 ans, ils sont entièrement à sa charge. L'Assistance publique doit, en outre, exercer une surveillance sur les enfants âgés de moins de deux ans et placés en nourrice, en sevrage, ou en garde, hors du domicile de leurs parents.

Le service de l'inspection départementale des enfants assistés est aussi chargé des enquêtes sur la situation pécuniaire des filles-mères, qui sollicitent un secours temporaire de l'administration pour élever leurs enfants. En ce qui concerne les pupilles hospitalisés, c'est le même service qui décide si un enfant doit être placé à la campagne ou, pour des raisons particulières, rester à l'hospice dépositaire ; dans le premier cas, il débat les conditions de placement avec les gardiens ou les patrons et établit les contrats ; c'est encore lui qui veille à ce que l'enfant assisté soit bien traité et suive régulièrement les cours de l'école communale, jusqu'à l'âge de 13 ans ; c'est par ses soins que les économies provenant des gages des pupilles, sont placés à la caisse d'épargne. D'une façon générale, c'est donc à l'inspection départementale, qu'incombe la surveillance morale et physique des pupilles hospitalisés. En réalité, les inspecteurs des enfants assistés sont les véritables tuteurs des pupilles de l'Assistance publique et ils les suivent depuis le berceau jusqu'à leur majorité.

Pour remplir des fonctions aussi complexes et délicates, un choix très éclairé et judicieux s'impose dans la nomination du personnel départemental des enfants assistés. Il ne s'agit pas, en effet, d'accomplir seulement un travail administratif, réglé d'avance. On peut connaître et faire exécuter les lois, décrets, arrêtés qui régissent les services de l'Assistance ; on peut avoir des fiches en ordre, des registres à jour, des statistiques exactement dressées, une comptabilité en règle... et n'être pourtant qu'un inspecteur médiocre.

C'est qu'il existe dans ce service, quelque chose d'intangible que nous ne retrouvons nulle part ailleurs. Si dans l'exécution de toutes les autres fonctions publiques, il faut apporter la plus grande probité professionnelle, il n'est pas nécessaire, du moins, d'y poursuivre un idéal infiniment supérieur à la tâche journalière : un directeur des Contributions indirectes. des Ponts et chaussées, des Tabacs, un géomètre en chef du Cadastre, par exemple, n'a qu'à remplir ses fonctions avec compétence et exactitude. Au contraire, le service des enfants assistés réclame de son chef des qualités qui ne sont nécessaires nulle part ailleurs, si ce n'est peut-être, et encore, à un degré moindre, dans l'enseignement. Quelques milliers d'êtres, dépourvus de toute espèce de protection, sont confiés à un fonctionnaire qui doit remplacer leurs parents. Vis-à-vis de ces malheureux, pour lesquels s'est brisée la douce chaîne de la famille, il assume les doubles devoirs d'une mère et d'un père. Il doit avoir une sorte de vigilance maternelle pour veiller, par le choix des nourrices, des layettes et des berceaux, à ce que dès leurs premiers pas, ces petits orphelins ne soient pas privés de toute tendresse. Et, ce n'est qu'en empruntant quelques-uns des sentiments dont s'inspire un père, qu'il pourra exercer plus tard, sur eux, une sage et prévoyante tutelle, qui préparera leur avenir.

Mais, quand l'inspecteur aura veillé, non seulement sur les intérêts matériels de ses pupilles, mais aussi sur leur développement physique et intellectuel, sa tâche ne sera pas encore terminée.

Au point de vue social, un devoir plus élevé s'impose à lui : ces petits êtres recueillis et sauvés par la Société, pouvent devenir des non-valeurs et même, suivant la direction donnée, constituer plus tard pour elle un danger permanent. Par l'éducation, il faut donc chercher à faire de chacun de ces enfants un honnête homme, capable dans l'avenir, si modeste soit sa situation, d'apporter à la Société sa part contributive d'efforts et de travail. Pour que l'inspecteur des enfants assistés comprenne ce rôle et le mène à bonne fin, il faut qu'il soit dominé par le désir, par l'amour du bien. Il faut qu'il réunisse cet ensemble de qualités, je dirai presque de vertus morales, qui valent mieux que l'habileté administrative, qui sont plus rares et plus précieuses que le savoir ou l'intelligence. Alors, à travers les incessantes difficultés d'une tâche journalière, d'apparence obscure et facile, il parviendra à réaliser l'idéal moral le plus élevé.

III

Mais, pour s'assurer de la valeur morale de l'inspection départementale, un contrôle purement administratif est insuffisant. Ce contrôle ne s'opère, en effet, qu'au chef-lieu et dans les hospices dépositaires du département. Par les soins du service local, chaque enfant trouvé, orphelin ou moralement abandonné, est représenté par un dossier, une fiche et un carnet, portant le numéro matricule de l'enfant, la date réelle ou présumée de sa naissance et, en général, toutes les remarques le concernant. Suivant les catégories auxquelles ces pupilles appartiennent, ils sont ensuite classés et catalogués sur des registres spéciaux.

Les inspecteurs généraux contrôlent, par ces registres, le fonctionnement du service des enfants assistés : ils vérifient l'exactitude des statistiques, s'assurent que le capital pupillaire existe et augmente, que les écritures sont bien tenues et la comptabilité en règle. Leur inspection est, comme son nom l'indique, purement administrative : c'est le méthodique contrôle des services matériels.

Mais, la principale fonction de l'inspecteur départemental des enfants assistés est, tout naturellement, *d'inspecter* les pupilles, placés en nourrice ou à gages, dans les communes du département. Or, la signature de l'inspecteur sur les livrets des enfants n'est pas un indice suffisant de l'exactitude de ces visites, car rien ne lui est plus facile que de se faire envoyer ces livrets pour les signer à domicile. Pour s'assurer qu'il fait régulièrement ses tournées, il faudrait les contrôler sur le lieu même de placement des pupilles. Si, arrivé dans une commune, on constate que l'inspecteur ne connaît pas ou connaît mal ses placements, s'il tâtonne pour les trouver, si les principaux habitants du village ne l'ont jamais vu, si ces pupilles lui témoignent cette curiosité défiante que les enfants, élevés au village, ressentent pour les étrangers, on aura assez d'indices pour conclure que ses inspections sont rares et brèves. Au contraire, s'il va droit à ses placements, s'il est connu et estimé des habitants des communes, si ses pupilles paraissent éprouver de la confiance à son égard, on peut être assuré qu'il remplit son devoir.

D'autre part, si les enfants sont placés chez de braves gens, dont les logements sont clairs et propres, s'ils paraissent heureux dans leur condition, c'est que l'inspecteur sait bien choisir ses placements. Il peut même lui arriver, parfois, d'être si heureusement guidé dans ce choix, qu'il réunit des gardiens et des enfants sympathiques l'un à l'autre et rend les adoptions plus faciles et plus fréquentes dans son département. Il a ainsi la douce satisfaction de faire renouer, pour ces petits abandonnés, de véritables liens de famille.

Quelquefois, un simple petit fait touchant suffit pour que les sentiments qui guident un inspecteur vis-à-vis de ces pupilles se révèlent tout de suite, pendant le contrôle général. On raconte que, dans les communes de quelques rares départements, le chef de service des enfants assistés n'est jamais désigné par son nom ou par son titre : on l'appelle tout uniment « le père des enfants » et ce touchant surnom prouve certainement plus en sa faveur, que les registres les mieux tenus et la comptabilité la plus en règle.

En résumé, le contrôle de l'inspection générale, aux lieux même de placement des pupilles, peut seul permettre de porter un jugement sérieux sur les inspecteurs de province. Or, l'inspection générale administrative ne se livre pas à ce contrôle et il a été démontré, dans un document officiel, qu'elle ne peut pas s'y livrer (1). Quelle que soit donc l'utilité de cette inspection, elle ne peut donner la note réelle de la valeur du chef de service départemental : à la préfecture, où il est aidé par des sous-inspecteurs, des commis, quelquefois par les bureaux de

(1) V. le projet de loi sur *le service des enfants assistés* (*Journal Officiel* du 29 septembre 1892, p. 143). — « On ne saurait se dissimuler qu'un rouage manque à notre organisation. *C'est le contrôle.* Sans doute les inspecteurs des enfants assistés, placés sous l'autorité du préfet et relevant de la direction de l'assistance publique, doivent *théoriquement* être contrôlés par les inspecteurs généraux, mais, en fait ces hauts fonctionnaires, dont l'inspection s'étend sur tous les services d'assistance disséminés sur notre territoire, *ne peuvent matériellement contrôler les services d'enfants assistés.* Il y a pourtant des points nombreux, où le contrôle de l'inspection serait indispensable. N'est-il pas à craindre que les inspecteurs ne visitent pas régulièrement les enfants, puisqu'ils sont certains qu'aucun fonctionnaire ne vérifie jamais les signatures sur les livrets? Qui nous dira si ces visites ont eu lieu, comment s'assurer des versements réguliers, opérés à la caisse d'épargne en vertu des contrats? Comment savoir si les vêtures sont distribuées aux ayants droit? si la comptabilité est bien tenue? etc..... Nous aurions donc proposé volontiers que *plusieurs inspectrices* et inspecteurs généraux fussent chargés, chaque année et par voie de roulement, de contrôler dans quelques départements les services d'enfants assistés que le ministère désignerait. Cela suffisait pour tenir en haleine les inspecteurs départementaux. Le vote de la loi sur la protection des enfants maltraités, délaissés et moralement abandonnés, ajoute encore à la nécessité d'un contrôle effectif et fréquent. Mais, nous pensons qu'il suffira d'avoir, dans la loi, posé le principe du contrôle par les inspecteurs généraux et *les inspectrices générales des services de l'enfance.* C'est à l'administration supérieure qu'il appartiendra de l'organiser ».

ART. 41. — Le contrôle du service s'effectue par les inspecteurs généraux de l'assistance publique et *les inspectrices générales des services de l'enfance.*

la division pour les écritures, il ne lui est pas difficile de présenter un ensemble de travail administratif, qui peut faire illusion à l'inspection générale.

Mais, même si l'inspecteur général relevait quelques défaillances dans le service d'un de ses subordonnés, il pourrait encore hésiter à l'incriminer sévèrement, s'il n'a pas été aux sources mêmes de la vérité. Il écoutera plus volontiers les considérations qui plaident l'indulgence en faveur d'un fonctionnaire marié, père de famille, proche de sa retraite. L'inspecteur général connaît ce fonctionnaire, alors qu'excepté dans les hospices dépositaires, il n'a eu aucun contact avec les enfants dont celui-ci assumait la tutelle. Ces enfants ne se représentent à lui que sous la forme de numéros matricules, il ne les a pas *senti vivre*, leurs joies ou leurs souffrances lui sont demeurées étrangères. Et c'est ici que se manifestera l'utilité et la supériorité des délégations féminines, aux lieux mêmes de placement des pupilles de l'Assistance publique. Ces derniers ne sont plus seulement alors, pour l'inspectrice, des « assistés » ou des « moralement abandonnés », immatriculés, sous tel numéro, dans les registres de l'Assistance publique, ce sont de petits êtres qu'elle a vus, auxquels elle s'est intéressée. Elle peut n'avoir été mêlée que quelques instants, à l'existence de « cet orphelin », qui souriait dans son berceau, avoir à peine entrevu cet « enfant trouvé » ou ce petit « protégé ». N'importe, ils ont été proches d'elle et, si fugitif que soit ce souvenir, il s'est fixé dans son esprit avec les petites nuances, pénibles ou heureuses, de l'existence différente de chacun de ces enfants. De là, à l'idée de leur misère physique ou de leurs souffrances morales, il lui naîtra une émotion que ne connaîtra pas, que ne pourra jamais connaître celui qui s'est borné à inspecter quelques centaines d'abstractions, représentées sur des registres.

C'est cette impression qui, dans le jugement à porter sur l'inspecteur départemental, guidera l'inspectrice aussi sûrement que la haute raison (1) de l'inspection générale administrative. A la situation, parfois malheureuse, du fonctionnaire qu'elle incrimine, elle opposera l'existence misérable qu'il a faite, par de mauvais placements, à ceux qui se trouvaient sous sa dépen-

(1) Nous jugeons non seulement avec notre raison, mais aussi avec notre cœur (Pascal).

dance et le cri de pitié de sa conscience jaillira toujours en faveur des plus malheureux et des plus faibles.

Tel doit être le rôle de l'inspection générale féminine des services de l'enfance. Elle a pour mission d'analyser dans chaque département l'œuvre de l'inspecteur et, par la description des placements, de rendre vivant, aux yeux du pouvoir central, le fonctionnement des services départementaux. De l'existence heureuse ou triste des pupilles, elle doit dégager l'action morale du tuteur et faire jaillir de ces deux oppositions des idées de réforme et de progrès.

Le mode d'organisation actuel était donc le meilleur : d'un côté une inspection matérielle, qui jugeait les chefs de service départementaux par leur habileté à manier les chiffres, à tenir les écritures, à établir les statistiques, par leur exactitude à accomplir le travail administratif demandé par les bureaux du ministère. D'autre part, une inspection plus discrète, plus délicate qui, par les témoignages d'estime des habitants du département, par les marques de sympathie des enfants confiés à ses soins, par le choix judicieux des placements, jugeait des qualités de finesse, de tact et surtout de la bonté de l'inspecteur départemental.

Et c'était une institution vraiment remarquable et digne d'être louée, que ce double contrôle qui permettait d'apprécier presque autant la valeur morale d'un fonctionnaire, que son habileté et son intelligence administratives.

IV

Mais, en dehors de toutes les considérations que nous venons d'exposer, il n'est pas, au point de vue général, un service public, dans lequel des qualités d'ordre exclusivement sentimental, puisse exercer une aussi grande influence que celui de l'Assistance publique. L'idéal de bonté et de charité qu'il poursuit, ne pourra être atteint que par d'incessantes réformes, dont la pitié pour la souffrance d'autrui sera l'unique inspiratrice. Sans doute, notre seule raison suffit, pour nous conseiller de prendre soin des mères et des enfants, et pourtant, bien que l'intérêt général de la Société fût en jeu, il a fallu des siècles et des siècles d'efforts, pour que les lois d'Assistance fussent enfin inscrites dans notre législation. La bonté et la pitié, elles, ne raisonnent pas, elles agissent sur-le-champ et, pendant que la raison délibère, elles sauvent la mère et l'enfant. Ce sont ces actes spontanés de la charité individuelle qui, renouvelés de génération en génération, ont fini par s'imposer à l'attention des pouvoirs publics et ont abouti à l'élaboration des lois d'Assistance.

Cependant la tâche n'est pas achevée : à chaque instant, un fait isolé qui fait tressaillir le cœur de la foule, nous montre encore une lacune dans nos lois de prévoyance sociale. Un jour, la pitié ressentie pour les enfants en bas-âge, placés hors du domicile de leurs parents, et livrés à des soins mercenaires, fait édicter la loi *sur la protection des enfants du premier âge*. La même pitié, éprouvée pour des enfants dont les parents sont incapables ou indignes d'exercer la puissance paternelle, fait surgir la loi *sur la protection des enfants maltraités ou moralement abandonnés*. Il suffit même d'un acte isolé de cruauté, commis par des parents sur leur propre enfant, pour provoquer un sentiment d'indignation si violent qu'il donne naissance, à lui seul, à une loi de répression envers les parents indignes (1). On retrouve aussi ce sentiment de douloureuse compassion, à l'origine de la législation sur le travail des enfants et des filles mineures, employés dans les établissements industriels. En résumé, il n'est pas une seule loi humanitaire qui, avant de se condenser en sèches et rigides formules, avant de se compliquer de décrets, de se hérisser d'arrêtés, n'ait été dictée au législateur par la voix émue de la conscience publique.

Mais, puisque, en nous, le cœur parle plus vite que la raison, plus vite que l'intérêt général de la société, il ne suffit pas, pour améliorer les lois d'Assistance, de les bien connaître, il faut apporter dans leur interprétation quelque chose de plus. Il faut éprouver, pour les êtres faibles et malheureux, un peu de cette généreuse pitié qui a donné naissance à ces lois; il faut sans cesse, par cette émotion, qui est meilleure que notre raison, nous retremper aux sources même de la législation de l'Assistance. Il faut qu'elle soit non seulement présente à notre

_____

(1) Loi du 19 avril 1898, *sur la répression des violences, voies de fait, actes de cruauté et attentats, commis envers les enfants.*

esprit, sous sa forme abstraite, mais vivante en notre cœur, par l'idée qui l'a inspirée.

Or, combien cette impression initiale naîtra plus facilement chez une femme que chez un homme et, comme sans la moindre recherche, elle la ressentira, tout de suite, pleinement. Ses qualités ou ses défauts d'extrême sensibilité, qui la différencient des hommes, la serviront ici merveilleusement : mise en présence de petits êtres, malheureux encore, malgré la législation qui les protège, elle sentira quelle lacune de la loi il importe de combler, quelles imperfections il est urgent de faire disparaître. Même dans l'application stricte des lois qui concernent les jeunes pupilles hospitalisés, la sollicitude d'une femme est appelée à s'exercer plus utilement que celle d'un inspecteur général. Il est mille détails que prévoit ordinairement la tendresse d'une mère et qui pourront entraîner des modifications utiles, touchant les soins que réclament les premiers nés, aux berceaux, aux layettes, aux biberons, à l'hygiène du logement, etc. Ce sont ces petites réformes qui, en retenant dans la vie les plus frêles de ces pupilles, rendront les lois tutélaires de l'assistance vraiment humaines et douces. C'est par elles que les « assistés » arriveront à se trouver aussi à l'abri de la souffrance que peuvent l'être, dans leur propre famille, les enfants pour lesquels la société n'a pas à intervenir.

Mais l'action d'une *inspectrice* peut s'étendre plus loin encore, et dans un sens où l'inspecteur général ne peut prétendre la remplacer. Les pupilles femmes — on semble l'oublier — sont aussi nombreuses que les pupilles masculins. Il n'y a pas lieu d'insister sur le rôle que peuvent jouer auprès d'elles les inspectrices générales : dans certains cas — et les exemples ne manquent pas — l'influence d'une femme, mère de famille souvent, peut devenir décisive sur l'avenir moral d'une jeune fille (1).

Pour accomplir cette œuvre d'amour, la sensibilité féminime

(1) On paraît d'ailleurs avoir reconnu l'utilité de ce rôle, puisque l'on conserve une inspectrice générale pour les jeunes filles détenues. En vain objectera-t-on que la section de l'administration pénitentiaire et celle de l'assistance et de l'hygiène publiques étant désormais confondues, l'action de l'inspectrice générale pourra s'étendre aux services de l'enfance et aux pupilles femmes de l'assistance publique. Comment admettre qu'une seule inspectrice générale pourrait assumer, dans l'avenir, une tâche aussi étendue et délicate?

est un guide aussi sûr et aussi prompt que l'intelligence et la raison masculines. Il suffit à la femme de se laisser guider par son cœur pour se trouver, malgré son incompétence administrative, aux sources même de la loi, et plus proche de son esprit que ne le seront peut-être jamais les inspecteurs généraux du matériel.

V

Or, avec la nouvelle organisation, l'inspection féminine est appelée à disparaître dans l'avenir, parce qu'elle fait *double emploi*.

Dans cette France, si exclusivement administrative, il existe par un véritable miracle, un service public dont les décisions échappent à l'inflexibilité des règlements, à la tyrannie des formules : on le supprime. Il se trouve une institution, dans laquelle on rencontre, par le plus grand des hasards, du mouvement, de l'âme et de la vie : on la condamne. Et on la condamne pour rendre plus puissants encore les services qui incarnent au plus haut point, la sécheresse et la rigidité administratives. On conserve, en la renforçant, l'inspection générale de la comptabilité, le contrôle permanent des dossiers et des registres des enfants assistés, mais on supprime, à ces pupilles de la République, cette source vivifiante, dans laquelle, un trop naïf moraliste avait cru voir l'origine des grandes pensées (1). On juge que celles-ci ne peuvent être inspirées qu'à la raison et à l'intelligence souveraines. L'extrême sensibilité d'un infime rouage féminin pouvait, d'aventure, entraver le lent et régulier mouvement de l'automatique machine qui s'appelle l'Assistance publique, en la faisant tourner dans un sens imprévu par l'ensemble des services administratifs. Il devenait urgent d'anéantir cet atome de vie par un décret d'extinction. Applaudissons à cette nouvelle conquête de l'Administration. Grâce à elle, nous saurons bientôt par quelle immuable formule se traduit le cri de tendre et maternelle pitié, qui jaillit spontanément du cœur féminin, en présence de l'enfance malheureuse et abandonnée.

(1) Vauvenargues : « Les grandes pensées viennent du cœur ».

Paris. — Typ. A. DAVY, 52, rue Madame. — Téléphone.

Revue
Politique et Parlementaire

Abonnement : Un an, **25 fr**. — Étranger et Union Postale, **30 fr.**

Librairie Armand COLIN, éditeurs, 5, rue de Mézières

Sommaire du n° 92 (10 Février 1902).

Paris. — Typ. A. DAVY, 52, rue Madame. — *Téléphone*